Beginner's Spanish Reader

Everyday life experiences of young Spanish-speaking people

Claude Dale
and
Anne Topping

National Textbook Company

a division of NTC/CONTEMPORARY PUBLISHING GROUP
Lincolnwood, Illinois USA

ISBN: 0-8442-7557-7

This edition first published in 1984 by National Textbook Company,
a division of NTC/Contemporary Publishing Group, Inc.,
4255 West Touhy Avenue, Lincolnwood (Chicago), Illinois 60712-1975 U.S.A.,
which has been granted exclusive publishing rights throughout
the United States of America, its territories and possessions,
the Philippine Islands and Canada, with the non-exclusive
right to sell copies thereof throughout the rest of the world
excluding the British Commonwealth and Empire, the Union
of South Africa, the Irish Republic, Burma, Egypt, Iraq, Israel,
Jordan and the British Trusteeships.

13 14 15 16 17 18 19 20 21 22 23 24 045 10 09 08 07 06 05 04 03 02 01

Preface

Beginner's Spanish Reader is a remarkable book. It is actually designed to entertain the beginning Spanish student at junior or senior high level. Through twenty-seven lively and self-contained vignettes, students are introduced to Spanish teenagers, their families and friends who live in a multi-racial, working-class district of a Spanish city. Culturally authentic and often amusing situations are portrayed through dialogue, and students will be delighted as they discover such typical characters as the "portera" for whom the teenagers' antics are a constant annoyance and the teacher who is also the affectionate victim of their exuberance.

The language employed in *Beginner's Spanish Reader* is very simplified, but authentic. The exclusive use of the present tense makes this a manageable reader which students will be able to handle successfully. The vocabulary chosen for the stories is of high frequency, and most words are repeated often to encourage mastery.

Each numbered reading is followed by one or more exercises, including reading comprehension, vocabulary manipulation and free completion. Tongue twisters and word puzzles are included for motivation and enjoyment. A detailed vocabulary and a list of typical questions follow the readings and have been included so that students can easily work individually.

A Teacher's Guide to *Beginner's Spanish Reader* is available.

Table of Contents

1 ¿Qué hay en España?

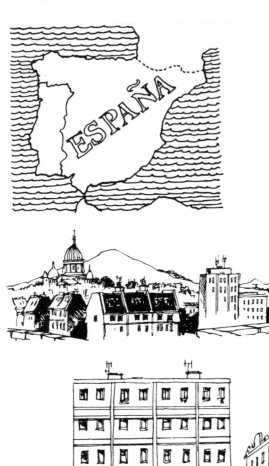

En España

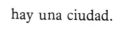

hay una ciudad.

En la ciudad hay un edificio.

En el edificio hay un piso.

En el piso hay una
cocina.

En la cocina hay una familia. Los padres se llaman el
señor y la señora Hernández. Los hijos se llaman Joaquín y
Teresa. Su perro se llama Valiente.

A Conteste

1 ¿Qué hay en España?
2 ¿Qué hay en la ciudad?
3 ¿Qué hay en el edificio?
4 ¿Qué hay en el piso?
5 ¿Cómo se llaman los padres?
6 ¿Cómo se llaman los hijos?
7 ¿Cómo se llama su perro?

B Dibuje y escriba

1 una ciudad 2 un edificio 3 una cocina 4 un perro 5 una
familia

5

2 Por la mañana

A las siete, el señor Hernández va a la estación. Lleva una tartera. En la caja hay pan, queso y chorizo.

A las siete y cuarto, la señora Hernández va a correos. Trabaja en correos por la mañana. Lleva un bolso. En el bolso hay agujas y lana.

A las ocho menos cuarto, Joaquín y Teresa van al instituto. Llevan libros y cuadernos.

Valiente se queda en el piso. Mira la puerta. Está triste.

A Conteste

1 ¿Adónde va el señor Hernández?
2 ¿Adónde va la señora Hernández?
3 ¿Adónde van Teresa y Joaquín?
4 ¿Qué lleva el señor Hernández?
5 ¿Qué lleva la señora Hernández?
6 ¿Qué llevan Teresa y Joaquín?
7 ¿Qué hay en la caja del señor Hernández?
8 ¿Qué hay en el bolso de la señora Hernández?
9 ¿Quién se queda en el piso?
10 ¿Qué hace?

B Dibuje y escriba

1 un pan 2 un bolso 3 una caja 4 una puerta
5 un instituto 6 un libro 7 una estación

3 La señora de la Fuente

Joaquín y su amigo Fernando compran pan, leche, chorizo y queso en el supermercado.

Después, van a visitar a la señora de la Fuente. Hace mucho calor.

La señora de la Fuente está sentada en un sillón.

Tiene ochenta años y hoy no sale. Fernando pone el pan, la leche, el chorizo y el queso sobre la mesa. La señora ofrece un pastel a los chicos y dice: 'Muchas gracias; ustedes son muy simpáticos'.

Violeta, la gata,
ve la leche y se sube
a la mesa.
Hace, 'miau'.

A Conteste

1 ¿Qué compran Joaquín y Fernando?
2 ¿Qué ve Violeta sobre la mesa?
3 ¿Adónde van Joaquín y Fernando?
4 ¿Dónde está sentada la señora de la Fuente?
5 ¿Dónde pone el pan Fernando?
6 ¿Quién se sube a la mesa?
7 ¿Quién no sale hoy?
8 ¿Cuántos años tiene la señora de la Fuente?
9 ¿Qué dice?
10 ¿Qué tiempo hace?

B Pronuncie

¡Baja la jaula, Jaime!

4 El ping-pong

Es miércoles. Son las siete de la tarde. Teresa y Joaquín juegan al ping-pong con sus amigos. Juegan en un garaje.

Teresa juega con Pepe. Es simpático y juega bien. Joaquín juega con Lolita. Es muy guapa y muy simpática, ¡pero juega muy mal!

El perro de Pepe entra en el garaje. Coge la pelota y corre a la calle.

'¡Ay!' dice Teresa.
Joaquín sonríe. ¡Está contento!

A Conteste

1 ¿Dónde juegan Joaquín y Teresa?
2 ¿Adónde corre el perro?
3 ¿Juega bien Pepe?
4 ¿Es simpática Lolita?
5 ¿Quién coge la pelota?
6 ¿Quién está contento?
7 ¿Quién juega mal?
8 ¿Qué dice Teresa?
9 ¿Qué día es?
10 ¿Qué hora es?

B Construya frases

1 Fernando y Pablo juegan . . .   2 María dice . . .
3 Es . . .   4 Carlos toma . . .

5 Conversación en un café

La señora Hernández ¡Camarero! Dos tés, por favor.

El camarero Sí, señora.

Un hombre ¡Camarero! ¡Camarero! ¡Un vino blanco!

El camarero Sí, señor.

Una chica Un helado de fresa, por favor.

El camarero Sí, señorita.

Un estudiante Tres cafés y una cerveza, por favor.

El hombre Pronto, camarero. Tengo sed.

El camarero Vuelvo en seguida. Su helado de fresa, señor.

El hombre ¡Ah no! ¡Los helados no me gustan!

A Construya frases

1 Fernando bebe . . . **2** '. . . por favor, camarero.' **3** El señor y la señora González beben . . . **4** Sobre la mesa hay . . . **5** Una mujer mayor come . . . **6** 'Señor, su . . .'

B Mire la página 12 y conteste a las preguntas

1 ¿Qué es esto? **5** ¿Qué es esto?

2 ¿Qué es esto? **6** ¿Quién es?

3 ¿Qué es esto? **7** ¿Quién es?

4 ¿Qué es esto?

C Dibuje y escriba

La señora Hernández y Teresa están sentadas en la terraza de un café.

6 Joaquín y la portera

Es mediodía. Joaquín y sus amigos juegan al balón en el patio del edificio. Delante del piso de la señora de la Fuente hay flores.

La señora de la Fuente y la portera están en el patio. Charlan. Joaquín lanza el balón y rompe una maceta.

'¡Oh, perdón, señora!' dice.
'No importa, Joaquín, replica la señora.
La portera es antipática. A ella no le gusta Joaquín.
'¡Voy a ver a tu padre!' grita.
Joaquín tiene miedo. Su padre está en la cama y duerme.

Conteste

1 ¿Qué hacen Joaquín y sus amigos?
2 ¿Qué hacen la señora de la Fuente y la portera?
3 ¿Quién es antipática?
4 ¿Quién tiene miedo?
5 ¿Qué dice Joaquín a la señora de la Fuente?
6 ¿Qué replica la señora de la Fuente?
7 ¿Dónde está el señor Hernández?
8 ¿Dónde hay flores?
9 ¿Dónde están la señora de la Fuente y la portera?
10 ¿Qué hora es?

7 La discoteca

Es sábado por la noche. Joaquín y Teresa toman el autobús y van a la discoteca.

Llegan a las ocho. Un chico saca a bailar a Teresa. Tiene el pelo negro y lleva una camisa roja. 'Me llamo Miguel' dice. 'Y tú, ¿cómo te llamas?'

Joaquín y sus amigos hablan del campeonato de liga.

Una chica mira a Joaquín y sonríe. Es muy guapa y lleva un vestido muy bonito. Joaquín se levanta. '¿Quieres bailar?' le dice.

A Conteste

1 ¿Qué hacen Teresa y Joaquín?
2 ¿Qué hacen Joaquín y sus amigos?
3 ¿Qué hace el chico?
4 ¿Qué hace la chica?
5 ¿Qué dice Joaquín?
6 ¿Qué dice el chico?
7 Describa a la chica.
8 Describa al chico.
9 ¿A qué hora llegan Joaquín y Teresa?
10 ¿Qué día es?

B Construya frases

1 Llegan a . . .
2 La chica dice . . .
3 Fernando lleva . . .
4 ¿Quieres . . .?

8 El sótano

Teresa baja al sótano. En el sótano hay una cama vieja, un sillón, maletas y un armario. Teresa abre una maleta y busca un diccionario.

De pronto está a oscuras. Va a la puerta y tropieza con la cama.

'¡Ay!' grita.

Joaquín enciende la luz.

'¿Qué tal?', pregunta sonriendo.

Teresa tira un cojín y un cesto pequeño a la cabeza de su hermano.

'Y tú, ¿qué tal?' le dice.
Joaquín no replica. Sale rápidamente del sótano.

A Conteste

1 ¿Adónde baja Teresa?
2 ¿Qué hay en el sótano?
3 ¿Qué abre Teresa?
4 ¿Qué busca?
5 ¿Qué hace Teresa con el cojín y el cesto?
6 ¿Quién tropieza con la cama?
7 ¿Quién enciende la luz?
8 ¿Qué grita Teresa?
9 ¿Qué pregunta Joaquín?

B Construya frases

1 Juanita va a . . .   2 Pablo abre . . .
3 En la casa hay . . .   4 Miguel busca . . .

9 La televisión

Joaquín, Teresa y su padre están mirando la televisión. Ven a un hombre. Anda por la calle y lleva una maleta. '¡Teresa! ¡Teresa!' grita la señora Hernández.

Llegan dos guardias. El hombre corre por el puente. Un tren se acerca.

'¡Teresa! ¡Teresa!' grita la señora Hernández.

De pronto, el hombre salta sobre el techo del tren. La señora Hernández entra en el comedor. Ve al hombre sobre el techo del tren.

El hombre
resbala . . .

La señora Hernández
se sienta en el
sofá y mira la
televisión también.

A Conteste

1 ¿Qué hacen Joaquín y Teresa?
2 ¿Por dónde anda el hombre?
3 ¿Adónde salta?
4 ¿Qué ve la señora Hernández?
5 ¿Qué lleva el hombre?
6 ¿Qué grita la señora Hernández?
7 ¿Grita su madre?
8 ¿Quién entra en el comedor?
9 ¿Quién resbala?
10 ¿Quién se sienta en el sofá?

B Construya frases

1 Un chico salta . . .
2 La señora Merinero entra en . . .
3 Ana mira . . .
4 El hombre . . .
5 De pronto . . .

10 El partido

El instituto de Teresa y Joaquín se llama Instituto de
Segunda Enseñanza García Lorca. Hoy Teresa y María
juegan un partido de baloncesto. Llevan jerseys y faldas
amarillas. Cada equipo ha marcado tres goles. María corre
mucho y pasa el balón a Teresa. Todos los espectadores
gritan.

Los amigos de Teresa y María gritan: '¡Ale, Teresa! ¡Ale, Teresa!'

Teresa duda un segundo, y después tira el balón.

'¡Gol!' gritan los espectadores.
El árbitro silba. El partido termina aquí.
'¡Bravo, Teresa!' dice Fernando.
'Muy bien, Teresa,' dice Joaquín.

A Conteste

1 ¿Qué hacen Teresa y María?
2 ¿Qué hacen los espectadores?
3 ¿Qué hace María?
4 ¿Qué hace Teresa?
5 ¿Qué hace el árbitro?
6 ¿Qué dice Fernando?
7 ¿Qué dice Joaquín?
8 ¿Cómo se llama el instituto de Teresa y Joaquín?
9 ¿Qué gritan los amigos de Teresa?
10 ¿Qué llevan Teresa y María?

B Construya frases

1 Las chicas juegan...
2 Los espectadores gritan...

11 Conversación en el parque

Joaquín, Valiente y Pilar se pasean por el parque.

Joaquín   ¿Quieres un helado, Pilar?

Pilar   Sí, gracias.

Joaquín (*al vendedor de helados*)   Dos helados de chocolate
por favor, señor.

El vendedor de helados   Aquí los tiene.

Pilar   Gracias, Joaquín. Eres muy simpático.

(*Llega un chico*)

Pepe   ¡Hola, Pilar! ¿Quieres venir al cine?

Pilar   Sí, vamos.

Pepe   Adiós, Joaquín.

Pilar   Adiós, Joaquín.

Joaquín   ¡Las chicas! Pilar es tonta. Ven, Valiente.

12 Unir los dos trozos

13 Teresa y Joaquín escriben

Son las seis de la tarde. Joaquín escribe una nota a su amigo Fernando. Después sale.

Teresa mira por la ventana. Su hermano pone la nota en una lata de conservas.

Deja la lata en la calle. Cinco minutos más tarde, Teresa baja a la calle con su amiga Asunción. Leen la nota.

'¡Ay!' dice Teresa. '¡Está en números!'.

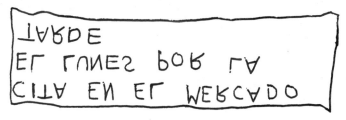

```
3, 9, 20, 1    5, 14    12, 1
5, 19, 20, 1, 3, 9, 15, 14
1   12, 1, 19      19, 9, 5, 20, 5
```

A Actividades

1 Lea la nota de Joaquín. (Ver página 61).
2 Teresa escribe una nota también. Si tiene un espejito puede leer su nota.

TARDE
EL LUNES POR LA
CITA EN EL MERCADO

3 Escriba una nota en números a su amigo (a).

B Rían

PASTELERÍA   CONFITERÍA

14 Teresa y Manolo

Manolo tiene una moto muy bonita.

'¿Quieres ir al campo, Teresa?' le pregunta.

Teresa acepta la invitación con mucho gusto. Van a mucha velocidad y Teresa está contenta.

'¡Más rápido, Manolo!' grita Teresa.

Manolo va a ciento diez kilómetros por hora, después a ciento veinte. De pronto, ven a una señora mayor que está cruzando la calle. Manolo frena y se para a tiempo. Está pálido, Teresa también.

'¿Pero estáis locos?' grita la señora.

A Conteste

1 ¿Qué pregunta Manolo?
2 ¿Qué grita Teresa?
3 ¿Qué grita la señora?
4 ¿Quién tiene una moto?
5 ¿Quién acepta la invitación?
6 ¿Qué hace la vieja?
7 ¿Qué hace Manolo?
8 ¿Está pálido Manolo?
9 ¿Está contenta la señora?
10 Describa la moto.

B Copie y termine

1 Km $= \frac{5}{8}$ milla

100 Km $= \frac{5}{8} \times 100 = \frac{500}{8} = 62\frac{1}{2}$ millas

110 km $= ?$
120 km $= ?$

15 La clase de química

Son las diez y cuarto. María y Teresa están en el laboratorio de química. María trabaja mucho. Teresa charla mucho.

 'Cállate un poco, Teresa', dice la señorita Prada.

Las dos chicas comen un chicle.

'Pon el chicle en la papelera', dice la señorita Prada.

 Cuando Teresa vuelve a su sitio, tira un taburete. Sus amigos se ríen.

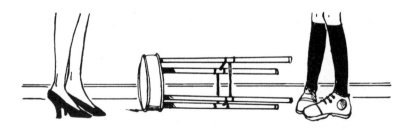

'Teresa, sal de la clase', dice la señorita Prada.
'Cuidado, está de mal humor hoy', dice María.

A Conteste

1 ¿Qué comen María y Teresa?
2 ¿Qué tira Teresa?
3 ¿Quién habla mucho?
4 ¿Quién trabaja mucho?
5 ¿Qué dice la señorita Prada la primera vez?
6 ¿Qué dice la segunda vez?
7 ¿Qué dice la tercera vez?
8 ¿Qué dice María?
9 ¿Qué hora es?
10 ¿Dónde están Teresa y María?

B ¿Qué palabra quita Ud.?

1 bonito, sábado, miércoles, domingo, jueves
2 el mercado, el café, el museo, la tienda, la camisa
3 un árbitro, un pescador, un mostrador, un espectador, un bombero
4 gris, rojo, marrón, pronto, negro

16 El mercado

El tío de Joaquín vende frutas y hortalizas en el mercado. Hoy es sábado. Joaquín trabaja con su tío. Abre una caja de cartón. El señor González vende un kilo de cerezas a una mujer.

'Son muy buenas, señora', dice.

Un chico esconde unos melocotones en sus bolsillos y cruza la calle.

Joaquín corre detrás de él.

'¡Ladrón!' grita.

Pasa un guardia.

El chico tiene
miedo. Le da los
melocotones a
Joaquín . . .

y se marcha.

A Conteste

1 ¿Qué hace el tío de Joaquín en el mercado?
2 ¿Qué hace Joaquín?
3 ¿Qué hace el chico?
4 ¿Qué dice el señor González?
5 ¿Qué grita Joaquín?
6 ¿Quién pasa por la calle?
7 ¿Quién tiene miedo?
8 ¿Quién corre detrás del chico?
9 ¿Qué vende el señor González a una señora?
10 ¿Qué da el chico a Joaquín?

B Adivinanzas

1 Un hombre lleva una bandeja con dos cervezas, un helado de fresa y tres cafés. ¿Quién es?
2 Un edificio con sillas, mesas, libros, alumnos y profesores. ¿Qué es?
3 Una fruta roja, redonda y pequeña. ¿Qué es?

33

17 La tienda

Es sábado. A las diez de la noche, Teresa, Joaquín y su amigo Adolfo pasan por delante de una tienda.

'¡Mira!, la puerta está abierta', dice Teresa.

Los jóvenes entran en la tienda. Está a oscuras. Adolfo enciende la linterna. Sobre el mostrador hay una botella de coñac, dos vasos, una pulsera, un anillo y tres relojes. Joaquín abre un armario. Llega un hombre. Lleva un sombrero y gafas de sol.

'¿Qué pasa aquí?' les pregunta.

Los jóvenes no contestan. Salen rápidamente de la tienda.

A Conteste
1 ¿Qué día es?
2 ¿Qué hace Joaquín?
3 ¿Qué hace Adolfo?
4 ¿Qué dice Teresa?
5 ¿Qué dice el hombre?
6 ¿Qué contestan los jóvenes?
7 ¿Qué hacen?
8 ¿Qué lleva el hombre?
9 ¿Qué hay en el mostrador?
10 ¿A qué hora pasan Joaquín y Teresa por delante de la tienda?

B Construya frases
1 A las diez de la noche...
2 Lleva...

18 ¿Qué pasa?

A ESO DE LAS SIETE JOAQUÍN Y TERESA ESTÁN EN LA COCINA. PREPARAN UNA ENSALADA. TERESA MIRA POR LA VENTANA. SALE HUMO DE UNA FÁBRICA. ¡MIRA, JOAQUÍN, HAY UN INCENDIO! LOS DOS JÓVENES BAJAN LA ESCALERA MUY DE PRISA Y CORREN HACIA EL ESTANCO. JOAQUÍN CORRE MÁS RÁPIDO QUE SU HERMANA. CUANDO LLEGA AL ESTANCO TELEFONEA. PRONTO LLEGAN LOS BOMBEROS Y APAGAN EL INCENDIO. AL DÍA SIGUIENTE APARECE UNA FOTO DE JOAQUÍN EN EL PERIÓDICO. ESTÁ MUY CONTENTO.

PRINCIPIO

"¡GRITA: LOS ESTANCO. JOAQUÍN CORRE"

FINAL

36

A Copie las frases y corrija las palabras en letra cursiva

1 *Joaquín y Teresa* apagan el incendio.
2 *Perros y gatos salen* de la fábrica.
3 Teresa y Joaquín *comen la* ensalada.
4 Cuando Joaquín llega *al hotel*, telefonea.
5 A eso de las siete, Joaquín y Teresa están *en el instituto*.
6 De pronto, *los profesores* llegan.
7 '¡Mira, Joaquín! Hay *un fantasma*,' grita Teresa.

B Conteste

1 ¿Qué hacen Joaquín y Teresa en la cocina?
2 ¿Qué hacen cuando Teresa ve el incendio?
3 ¿Qué hacen los bomberos?
4 ¿Quién mira por la ventana?
5 ¿Quién corre más rápido que Teresa?
6 ¿Quién está muy contento?
7 ¿Qué aparece en el periódico?
8 ¿Qué grita Teresa?

19 Conversación en la estación: El señor Hernández trabaja

Una señora   ¿El tren que va a Barcelona, por favor?

El señor Hernández   Andén número doce, señora.

La señora   Gracias.

Un hombre   ¿La consigna, por favor?

El señor Hernández   Allí, a la derecha.

Una chica   Por favor, ¿dónde está el bar-restaurante?

El señor Hernández   A la derecha, señorita.

Un niño   ¿Los lavabos, por favor?

El señor Hernández   Al lado de la consigna.

Una niña (llorando)   ¡Mamá! ¡Mamá!

El señor Hernández   ¡Ah, estos viajeros!

En la estación

	Semid 4302	TER 5362	semid 1302/13-12	semid Fer 4204	TE 362/577	semid Fer 4306
	2	1.2	2	2	1.2	2
Madrid (Atocha)	6.25	7.50	10.40	13.33	15.15	20.03
Aranjuez	7.06	—	—	14.16	—	20.45
Cuenca	9.35	10.26	14.16	16.49	17.51	23.12
Valencia	—	13.22	18.08	—	20.38	—

Conteste

1 ¿Para en Aranjuez el tren de las 6.25?
2 ¿Para en Aranjuez el tren de las 7.50?
3 ¿Para en Cuenca el tren de las 13.33?
4 ¿A qué hora llega a Valencia el tren de las 7.50?
5 ¿A qué hora llega a Cuenca el tren de las 15.15?
6 ¿Y el de las 10.40?
7 ¿A qué hora llega a Aranjuez el tren de las 20.03?
8 ¿Cuántos trenes paran en Aranjuez?
9 ¿Cuántos trenes paran en Cuenca?
10 ¿Cuántos trenes paran en Valencia?

20 El accidente

Es jueves. Joaquín va al instituto en bicicleta. Una señora pasea con su perro. De pronto el perro pasa delante de Joaquín y corre detrás de un gato. Joaquín se cae de la bicicleta.

'¡Ay!' grita.

Fernando y su hermana María van al instituto también. Corren a ver a Joaquín.

'¿Te duele algo?' le preguntan.

'¡Mis pantalones y mi chaqueta! ¡Están sucios!', replica Joaquín.

La señora cruza la calle y coge a su perro en los brazos. No mira a Joaquín.

'Ven aquí, tesoro,' dice.

A Conteste

1 ¿Qué día es?

2 ¿Adónde va Joaquín?

3 ¿Adónde van Fernando y su hermana?

4 ¿Qué hace el perro?

5 ¿Qué hace la señora?

6 ¿Qué hace Joaquín?

7 ¿Qué preguntan María y Fernando?

8 ¿Qué replica Joaquín?

9 ¿Qué dice la señora a su perro?

10 ¿Es simpática la señora?

B Describa los dibujos

La señora Hernández se cae de un taburete

El señor Hernández se cae de una escalera

Joaquín se cae de un avión

Lolita se cae de un tejado

C Complete y dibuje

1 El profesor se cae de . . .

2 Teresa se cae de . . .

3 La portera se cae de . . .

4 Isabel se cae de . . .

41

21 El museo

Es domingo. Está lloviendo. Joaquín y sus amigos van al museo. Ven una colección de revólveres, otra de cuchillos africanos, y una colección muy hermosa de porcelana. A las cinco salen del museo. 'Es interesante,' dice Fernando.

Una chica norteamericana mira el mapa de la ciudad. No habla español.

'Can you tell me where the museum is, please?' pregunta.

'Lo siento, señorita. No entiendo', dice Joaquín.

'¿Habla Ud. español? We speak not the English', dice Juan.

'Qué pena,' dice Joaquín a sus amigos.

A Conteste

1 ¿Qué dice Fernando?
2 ¿Qué dice Joaquín a sus amigos?
3 ¿Qué dice a la chica?
4 ¿Qué dice Juan?
5 ¿Qué ven los chicos en el museo?
6 ¿Qué mira la chica?
7 ¿Habla español la chica?
8 ¿Habla inglés Joaquín?
9 ¿A qué hora salen los chicos del museo?
10 ¿Qué tiempo hace?

B Construya frases

1 Joaquín dice . . .

2 Pablo y Teresa van a. . .

3 Los chicos salen de . . .

4 No hablo. . .

5 Ellas ven. . .

6 Carlos mira. . .

22 En el muelle

A las ocho de la mañana, Aurelia ve a Teresa y Joaquín en la calle. Van al instituto.

'Buenos días,' dice. 'No voy al instituto hoy. Voy al muelle.'

Hace sol. Aurelia pasea por el río con su amiga. Miran los barcos. Un pescador ofrece un pescado a Teresa.

'No, gracias señor,' dice sonriendo.

Después, Teresa, Aurelia y el pescador van a un café. Un hombre está sentado en la terraza. Ve a Teresa.

'¡Ay!' dice Teresa. '¡Es mi padre!'

A Conteste

1 ¿Qué dice Aurelia?
2 ¿Qué dice Teresa?
3 ¿Por dónde pasean Teresa y su amiga?
4 ¿Adónde van con el pescador?
5 ¿Dónde está sentado el señor Hernández?
6 ¿Ve a Teresa?
7 ¿Va Ud. al muelle hoy?
8 ¿Va Ud. al cine el sábado?
9 ¿Qué ofrece el pescador a Teresa?
10 ¿Qué tiempo hace?

B ¿Qué palabra quita Ud.?

1 una falda, un jersey, una portera, un sombrero, una camisa
2 leche, queso, cereza, sótano, melocotón
3 un sofá, un taburete, una cama, un armario, una tienda

23 Los peces

Teresa y María están en un jardín. El jardín está detrás de una casa abandonada. María mira los peces en un estanque pequeño. Teresa se sube a un árbol.

De pronto una rama se rompe, y Teresa se cae en el estanque.

'¡Ay, ay, ay!' grita.

'¿Qué pasa?', pregunta María.

Teresa se ríe.

'Nada, pero a los peces no les gusta,' replica.

A Copie las frases y corrija las palabras en letra cursiva

1 María mira *la televisión.*

2 Teresa se cae *al río.*

3 Teresa y María están en *el instituto.*

4 Teresa se sube a *una pared.*

5 *Una botella* se cae.

6 El jardín está detrás *del árbol.*

B Conteste

1 ¿Dónde están Teresa y María?

2 ¿Dónde están los peces?

3 ¿Dónde está el jardín?

4 ¿Dónde está el estanque?

5 ¿Qué grita Teresa?

6 ¿Qué pregunta María?

7 ¿Qué contesta Teresa?

8 ¿Qué hay en el jardín?

9 ¿Qué hace María?

10 ¿Quién se ríe?

24 La colonia de vacaciones – la salida

Joaquín, Teresa y sus amigos están en el tren. Van a una colonia de vacaciones. El tren sale dentro de cinco minutos. Los jóvenes leen revistas y beben limonadas.

El encargado espera a Aurelia en el andén. Teresa mira por la ventana del tren. Su amiga llega con su padre.

Corren. Aurelia lleva una mochila, una bolsa de tela y un cesto. Su padre lleva una maleta grande.

'¡Dios mío!' dice el encargado.

A Conteste

1 ¿Dónde están los jóvenes?
2 ¿Adónde van?
3 ¿Qué hace Teresa?
4 ¿Qué hace el encargado?
5 ¿Qué hacen los jóvenes?
6 ¿Qué hacen Aurelia y su padre?
7 ¿Qué lleva Aurelia?
8 ¿Qué lleva su padre?
9 ¿Qué dice el encargado?
10 ¿Cuándo sale el tren?

B Copie y siga hasta diez

Me voy de viaje y pongo en la maleta: un libro, dos calcetines, tres pantalones . . .

C Repita rápidamente

El perro de Roque no tiene rabo porque Ramón Ramírez se lo ha cortado.

25 La colonia de vacaciones – conversación en la calle

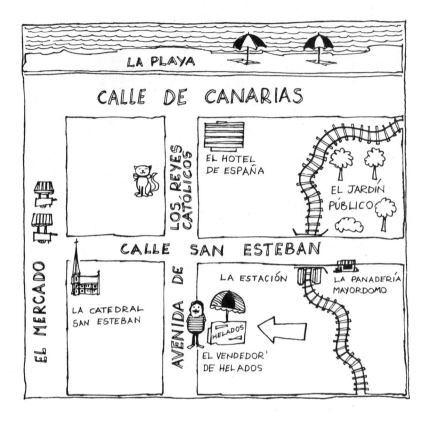

El vendedor ambulante ¡Helados! ¡Caramelos! ¡Cacahuetes!

Una señora Perdón, ¿la catedral por favor?

El vendedor ambulante La primera a la izquierda, señora. ¡Helados! ¡Caramelos! ¡Cacahuetes!

La señora Gracias.

Un señor mayor ¿El hotel de España por favor?

El vendedor Siga recto, señor. ¡Helados! ¡Caramelos! ¡Cacahuetes!

Una estudiante Perdón, ¿la estación por favor?

El vendedor La primera a la derecha, señorita. ¡Helados! ¡Caramelos! ¡Cacahuetes!

Joaquín Un paquete de caramelos por favor.
El vendedor ¡Por fin un cliente!

A Conteste

1 ¿Adónde va la señora?
2 ¿Adónde va el señor mayor?
3 ¿Adónde va la estudiante?
4 ¿Qué dice el vendedor a la estudiante?
5 ¿Qué dice a Joaquín?

B Conversación en la calle

Pregunte dónde está:
1 la playa 2 la panadería Mayordomo 3 el parque 4 el mercado

Escriba sus preguntas y las respuestas del vendedor ambulante.

C Dibuje un mapa

Ponga un supermercado, una farmacia, un café, una pastelería y una carnicería en su mapa.

Es quince de agosto. Joaquín, Teresa y Fernando están en la montaña. Los jóvenes suben a un peñón. Hace calor. Fernando se detiene y bebe agua. Joaquín sube delante de Teresa. De pronto, resbala. Coge una rama, pero, es igual, ¡resbala! Tiene miedo. '¡Ayúdame!' grita.

Teresa pone la mano bajo el pie de su hermano. Poco a poco, Joaquín sube de nuevo.

'Gracias, Teresa,' dice. '¡Eres estupenda!'

A Haga correcciones
1 Es 15 de septiembre.
2 Está lloviendo.
3 Fernando bebe vino.
4 Un perro sube delante de Teresa.
5 Joaquín coge una flor.
6 Teresa pone la nariz bajo el pie de su hermano.

B Conteste
1 ¿Dónde están Joaquín y Teresa?
2 ¿Quién resbala?
3 ¿Qué grita Joaquín?
4 ¿Qué hacen los jóvenes?

27 La colonia de vacaciones – el castillo

Los jóvenes visitan un castillo. Están en el salón del rey.
'Miren esta magnífica chimenea y esos sillones del siglo
XVIII,' dice el guía.

'Admiren esta bonita pintura. A la derecha está Cristóbal
Colón con los Reyes Católicos y a la izquierda está la Santa
María en el puerto.'

Teresa y Fernando no escuchan al guía. Miran el retrato de una mujer pintado por Velázquez.

'Es guapa', dice Teresa.

'Tú eres guapa también,' contesta Fernando.

Teresa se pone colorada. Fernando es un chico muy simpático.

A Conteste

1 ¿Qué hacen los jóvenes?
2 ¿Dónde están?
3 ¿Qué miran Teresa y Fernando?
4 ¿Dónde está Cristóbal Colón?
5 ¿Dónde está la Santa María?
6 ¿Qué dice Teresa?
7 ¿Qué contesta Fernando?
8 ¿Escuchan al guía Teresa y Fernando?
9 ¿Es guapa Teresa?
10 ¿Quién es simpático?

B Adivinanzas

1 Un hombre que coge peces – ¿quién es?
2 Tiene un tejado, un comedor, tres dormitorios, una cocina, un cuarto de baño y un jardín – ¿qué es?
3 Tiene un tronco, hojas y ramas – ¿qué es?

Vocabulario

a to, at, for
abandonada deserted
abierta open
abre he opens
un accidente an accident
acepta he accepts
se acerca he approaches
adiós goodbye
adivinanzas riddles
admiren admire
adónde where
africanos African
agosto August
el agua water
una aguja needle
al to
¡ale! go on!
allí there
un alumno pupil
amarillo yellow
ambulante (un vendedor)
street vendor
un amigo friend
anda he walks
el andén platform
años years
antipática unpleasant
apagan they put out
aparece he appears
aquí here
el árbitro referee
un árbol tree
un armario cupboard, wardrobe
un autobús bus
un avión airplane
¡ay! drat! oh dear!
¡ayúdame! help!

bailar to dance
baja take . . . down,
she goes down
bajan they go down
bajo underneath
un balón ball
el baloncesto basketball
una bandeja tray
un barco boat
un bar-restaurante bar and
restaurant
bebe he drinks
beben they drink
una bicicleta bicycle
bien good, well
blanco white
una bolsa de tela a string
bag
un bolso bag
un bolsillo pocket
un bombero fireman

bonito(a) pretty
una botella bottle
bravo bravo, well done
un brazo arm
bueno(a)(as) good
busca he looks for

una cabeza head
los cacahuetes peanuts
cada each
se cae he falls
un café coffee, cafe
la caja box
los calcetines socks
¡cállate un poco!
be quiet!
una calle street
hace calor it is hot
una cama bed
un camarero waiter
una camisa shirt
el campeonato de liga
soccer championship
el campo country
los caramelos sweets
la carnicería butcher's
(shop)
un cartón cardboard box
una casa house
un castillo castle
la catedral cathedral
las cerezas cherries
la cerveza beer
un cesto basket
ciento a hundred
cinco five
el cine movies
la cita appointment, date
la ciudad town
la clase class, classroom
la cocina kitchen
coge he grabs, takes, catches
un cojín cushion
una colección collection
la colonia de vacaciones
vacation center for
young people
se pone colorada she blushes
un comedor living room
come he eats
comen they eat
comer to eat
¿cómo te llamas?
what is your name?
¿cómo se llaman?
what are their names?
compran they buy
con with
el coñac cognac
una confitería sweet shop
la consigna left luggage
construya frases make
up sentences

56

contento pleased, happy
contesta he answers
contestan they reply
conteste answer
la conversación conversation
copie copy
corre he runs
haga correcciones
do corrections
corren they run
correos post office
cortado cut
las cosas things
cruza he crosses
cruzando crossing
los cuadernos notebooks
cuándo when
cuántos how many
cuarenta forty
y cuarto quarter past
el cuarto de baño bathroom
los cuchillos knives
¡cuidado! be careful!

una chaqueta jacket
charla he speaks, talks
charlan they talk
una chica girl
un chicle chewing gum
un chico boy
una chimenea fireplace
un chocolate chocolate
el chorizo sausage

da he gives
de of, from
deja he leaves
del of, of the
delante de in front of
dentro de in, inside of
de pronto suddenly
a la derecha on the right
desagradable unpleasant
describa a, al describe
después afterwards
se detiene he stops
detrás de behind
un día day
dibuje draw
los dibujos drawings
un diccionario dictionary
dice he says, she says
diez ten
¡Dios mío! my goodness!
una discoteca discotheque
doce twelve
domingo Sunday
¿dónde? where?
un dormitorio bedroom
dos two
duda he hesitates

¿te duele algo? are you hurt?
duerme he sleeps

un edificio building
un ejercicio exercise
el the
él he, him
ella she
ellos, ellas they
empezar to start
en in, on
el encargado youth leader
enciende he puts on the
light
una ensalada salad
no entiendo I don't understand
entra he goes in
entran they go in
un equipo team
eres you are
es he, she, it is
una escalera stairs, ladder
esconde he hides
escriba write
escribe he writes
escriben they write
escuchan they listen
a eso de at about . . .
esos those
España Spain
español Spanish
los espectadores spectators
un espejito a small mirror
espera he waits
está he, she, it is
la estación station
están they are
un estanco tobacconist's (shop)
un estanque pond
esto this
estos these
un estudiante student
estupendo(a) marvellous, great

una fábrica factory
una falda skirt
una familia family
un fantasma ghost
una farmacia drugstore
una flor flower
una foto photo
una frase sentence
frena he brakes
una fresa strawberry
las frutas fruit

las gafas de sol sun-
glasses
una gata cat

un	**gato** cat			**jueves** Thursday
un	**gol** goal			
	gracias thank you			
	grande big		*los*	**kilómetros** kilometres
	gris grey		*los*	**kilos** kilos
	grita he screams, shouts			
	guapa pretty			**la** the
un	**guardia** policeman		*el*	**laboratorio de química**
un	**guía** guide			chemistry laboratory
me	**gusta** I like		*al*	**lado de** next to
no le	**gusta** he doesn't like him, her, it		*un*	**ladrón** thief
			la	**lana** wool
no les	**gusta** they don't like (it)			**lanza** he throws
no me	**gustan** I don't like			**las** the
con			*una*	**lata de conservas** can
mucho	**gusto** with pleasure		*los*	**lavabos** toilets
				le him, her, it
				lea read
	habla he speaks, talks		*la*	**leche** milk
	¿habla Ud? do you speak?			**leen** they read
	hablan they talk			**leer** to read
	hablo I speak			**les** them
se lo	**ha cortado** he has cut it		*la*	**letra cursiva** italics
	hace he does, makes		*se*	**levanta** he gets up
	hacen they do, make		*un*	**libro** book
	hacia to		*una*	**limonada** lemonade
	haga do, make		*una*	**linterna** torch
	hasta till, up to			**loco** mad
	hay there is			**los** the
un	**helado** ice cream			**lunes** Monday
una	**hermana** sister		*la*	**luz** light
un	**hermano** brother			
	hermosa beautiful			
los	**hijos** children		*se*	**llaman** their name is
una	**hoja** leaf		*te*	**llamas** your name is
	hola hello		*me*	**llamo** my name is
un	**hombre** man			**llega** he arrives
una	**hora** hour			**llegan** they arrive
	¿a qué hora?			**lleva** he wears, he carries
	what time?			**llorando** crying
las	**hortalizas** vegetables		*está*	**lloviendo** it is raining
	hoy today			
el	**humo** smoke		*una*	**maceta** pot
el	**humor** mood		*una*	**madre** mother
				magnífica magnificent
	igual equal, same			**mal** badly
no	**importa** it doesn't matter		*una*	**maleta** case
				mamá Mom, Mommy
un	**incendio** fire		*la*	**mañana** morning
	inglesa English		*la*	**mano** hand
un	**Instituto de Segunda Enseñanza** secondary school		*el*	**mapa** map
			ha	**marcado** *un gol* he has scored a goal
es	**interesante** it is interesting			
una	**invitación** invitation		*se*	**marcha** he goes
	ir to go			**marrón** brown
a la	**izquierda** on the left			**más** more
				más rápido faster
				mayor older, greater
un	**jardín** garden			**me gusta** I like
una	**jaula** cage			**mediodía** noon
un	**jersey** jersey, cardigan		*un*	**melocotón** peach
los	**jóvenes** young people			**menos** less
	juegan they play			

un	**mercado** market		se	**pasean** they go for a walk
una	**mesa** table		un	**pastel** cake
	mi my		una	**pastelería** cake shop
tiene	**miedo** he is frightened, scared		un	**patio** yard
	miércoles Wednesday		los	**peces** fish
un	**minuto** minute		un	**pelo** hair
	mira look, he looks		una	**pelota** ball
	miran they look		¡qué	**pena!** what a pity!
están	**mirando** they are watching		un	**peñón** rock
	mire look			**pequeño(a)** small
	miren look at			**perdón** sorry
una	**mochila** rucksack		un	**periódico** newspaper
una	**montaña** mountain			**pero** but
un	**mostrador** counter		un	**perro** dog
una	**moto** motor bike		un	**pescado** fish
	muchas many		un	**pescador** fisherman
	mucho (a) lot (of)		un	**pie** foot
un	**muelle** quay, embankment			**pintado** painted
una	**mujer** woman		una	**pintura** painting
	muy very		un	**piso** apartment
			una	**playa** beach
			un	**poco** a little
	nada nothing		un	**policía** policeman
una	**nariz** nose			**pon** put
	negro(a) black			**pone** he puts
una	**niña** girl			**ponga** put
	no no			**pongo** I put,
una	**nota** message, note			**por** by, along
de	**nuevo** again			**por favor** please
los	**números** numbers			**por fin** finally
				por la mañana in the morning
				por la noche at night
	ochenta eighty			**por la tarde** in the
	ocho eight			afternoon
a las	**ocho** *menos diez*		la	**porcelana** porcelain,
	at ten to eight			fine china
	ofrece he offers			**porque** because
a	**oscuras** dark		una	**portera** caretaker
	otra another		una	**pregunta** question
				pregunta he asks
				preguntan they ask
un	**padre** father			**preparan** they prepare
los	**padres** parents			**primera** first
una	**página** page			**principio** start
una	**palabra** word		de	**prisa** fast
¿qué	**palabra**		los	**profesores** teachers
	quita usted?		de	**pronto** suddenly
	find the odd one			**pronto** quickly
	pálido pale			**pronuncie** pronounce
el	**pan** bread			**puede** she can, you can
la	**panadería** bakery			**¿puede Ud?** could you?
los	**pantalones** slacks		un	**puente** bridge
la	**papelera** basket		una	**puerta** door
un	**paquete** packet		un	**puerto** port
se	**para** he stops			
	paran they stop			**que** than, who
una	**pared** wall			**¡qué . . . !** these . . . !
un	**parque** park			**¿qué?** what? which?
un	**partido** match		se	**queda** he stays
¿qué	**pasa?** what is the matter?		un	**queso** cheese
	what is going on?			**quién** who
	pasan *por* they pass by			**quieres** you want
	pasea he goes for a walk			**quiero** I want

la	**química** chemistry		*un*	**sitio** place
	quince fifteen			**sobre** on
	quita Ud. pick out		*un*	**sofá** settee, couch
			el	**sol** sun
un	**rabo** tail		*un*	**sombrero** hat
una	**rama** branch			**son** they are
	rápidamente quickly			**sonríe** he smiles
más	**rápido** faster			**sonriendo** smiling
	recto straight ahead		*un*	**sótano** cellar
	redonda round			**su** his, her, your,
un	**reloj** watch			their
	repita repeat			**sube** she goes up, climbs
	replica he answers			**suben** they climb
	resbala he slips			**sucio** dirty
	respuestas answers		*un*	**supermercado** supermarket
un	**retrato** portrait			
una	**revista** magazine		*un*	**taburete** stool
un	**revólver** gun		*¿qué*	**tal?** are you all right?
un	**rey** king			how are you?
los	**Reyes Católicos**			**también** also
	the Catholic Kings		*la*	**tarde** evening
	rían laugh			**tarde** late
se	**ríe** he laughs		*más*	**tarde** later
se	**ríen** they laugh		*una*	**tartera** lunch box
un	**río** a river		*un*	**té** tea
una	**roca** rock		*un*	**techo** roof
	rojo(a) red		*un*	**tejado** roof
se	**rompe** it breaks			**telefonea** he telephones
			una	**televisión** television
	sábado Saturday			**tengo** *sed* I am thirsty
	saca a bailar he invites			**tercera** third
	for a dance			**termina** he finishes
	sal go out			**termine** finish
	sale he goes out		*una*	**terraza** terrace
	salen they go out		*un*	**tesoro** treasure, darling
la	**salida** departure, exit		*¿qué*	**tiempo hace?** what is the
un	**salón** living room			weather like?
	salta he jumps		*el*	**tiempo** time
tengo	**sed** I am thirsty		*una*	**tienda** shop
en	**seguida** right away			**tiene** he has, you have
	segundo(a) second		*un*	**tío** uncle
	seis six			**tira** he throws, knocks over
	señor sir, Mr.			**todos** all
	señora madam, Mrs., lady			**toma** he takes
	señorita miss			**toman** they take
está	**sentado** he is sitting			**tonta** silly
	septiembre September			**trabaja** he works
	sí yes			**treinta y tres** thirty-three
se	**sienta** he sits down		*un*	**tren** train
lo	**siento** I am sorry			**tres** three
a las	**siete** at seven			**triste** sad
	siga carry on		*un*	**tronco** trunk
	siglo century			**tropieza** she bumps into
	siguiente next		*un*	**trozo** piece
	silba he whistles			**tú** you
una	**silla** chair			
un	**sillón** armchair			**Ud. (usted)** you
	simpático kind, nice			**unos** some

unir put together

las **vacaciones** vacation
vamos let's go
van they go
un **vaso** glass
Vd.(usted) you
ve he sees
veinte twenty
veinticinco twenty-five
la **velocidad** speed
ven they see; come
vende he sells
un **vendedor ambulante**
street vendor
vengo I'm coming
venir to come

una **ventana** window
ver to see
un **vestido** dress
la
primera **vez** first time
me voy
de **viaje** I am going on a
trip
un **viajero** passenger
viejo(a) old
un **vino** wine
visitan they visit
visitar to visit
voy I am going
vuelve he goes back

y and

Teresa y Joaquín escriben

A	B	C	D	E	F	G
1	2	3	4	5	6	7

H	I	J	K	L	M	N	O
8	9	10	11	12	13	14	15

P	Q	R	S	T	U	V	W
16	17	18	19	20	21	22	23

X	Y	Z
24	25	26